中华中医昆仑

颜德馨学术评传

张镜源◎主编

中国盲文出版社

图书在版编目（CIP）数据

颜德馨学术评传（大字版）/ 张镜源主编. —北京：中国盲文出版社，2015.12

（中华中医昆仑）

ISBN 978-7-5002-6782-9

Ⅰ.①颜… Ⅱ.①张… Ⅲ.①颜德馨—评传 Ⅳ.①K826.2

中国版本图书馆 CIP 数据核字（2015）第 318146 号

颜德馨学术评传

主　　编：张镜源
责任编辑：戴皓宁
出版发行：中国盲文出版社
社　　址：北京市西城区太平街甲 6 号
邮政编码：100050
印　　刷：北京华联印刷有限公司
经　　销：新华书店
开　　本：700×1000　1/16
字　　数：42 千字
印　　张：6.5
版　　次：2015 年 12 月第 1 版　2016 年 3 月第 2 次印刷
书　　号：ISBN 978-7-5002-6782-9/K・418
定　　价：12.00 元
销售服务热线：（010）83190297　83190289　83190292

丛书编委会

前　言

中医药是中华民族的伟大创造，是世界医学宝库中的夺目瑰宝，数千年来为中华民族的繁衍昌盛作出了巨大的不可磨灭的贡献，至今仍是中国医药卫生事业不可分割的重要组成部分，在维护民族体魄康健、促进经济社会发展中发挥着不可替代的作用。

中医药学，是中华传统文化和科技文明的结晶，是勤劳聪慧的中华儿女在几千年生产生活实践中，在与疾病作斗争的过程中，创造的独具特色的医学科学体系。它有着浓郁的民族特色、深厚的文化底蕴和丰富的哲学内涵。经过一代又一代中医药传人、一辈又一辈名医大家的实践探索、薪火传承、总结完善、创新发展，逐步形成了系统的理论体系、独特的诊疗方法、丰富的医学内容、实用的制药技术。具有疗效确切、用药安全、应诊灵活、普适简廉和预防保健作用显著的巨大优势，在世界医学之林独树一帜，为人类的文明进步与医疗保健事业，已经并正在作出积极的贡献。

为了弘扬中华民族传统文化，彰显中医药学家的丰功伟绩，当代中医药发展研究中心与中国文学艺术界联合会、国家中医药管理局新闻办公室、中华中医药学会、中国中医科学院、北京中医药大学、世界中医药学会联合会等精诚合作，在国家中医药管理局的支持和指导下，为中华近现代百年来贡献卓著、深受敬仰的150位中医药学家，编撰出版了这部大型传记丛书。丛书采用评传体裁，记载他们的生平事迹、医术专长、学术思想、传承教育、医风医德、养生之道和突出贡献，使这些宝贵的医学成就和精神财富发扬光大，千古流芳。

丛书取名《中华中医昆仑》。昆仑山，被尊为“万山之祖”，柱西北而瞰东南，立中国而凭世界，凌驾乾坤，巍然屹立。以其高峻豪迈、绵延起伏的磅礴气势，寓意中华中医药学历史悠久、博大精深和永不衰竭；以其挺拔雄伟、高耸入云的恢弘气魄，彪炳一代中医药学家的丰功伟绩、杰出贡献和不朽勋业。

丛书入选传主，从全国范围推荐遴选，遍及中医药界各个领域。有临床家、理论家、药学家、教育家、医史文献学家；有名师亲授、世医家教、学派传人、院校毕业和自学成才者；有师徒并驾、父子齐名和伉俪联袂者。他们学术造诣深厚、诊疗技术精湛、临床经验丰富、学科地位崇高、科研成果丰硕、医风医德高尚、国内外影响较大，从医学理论到临床实践，为中医药事业的传承和发展作出了突出贡献，是近现代百年来中华中医药界的杰出代表。

丛书的出版，对于弘扬中华文化，振兴中医药事业，造就中医药人才，普及中医药知识，具有重要的现实意义和深远的历史意义。这是一项开创性工作，填补了我国为著名中医药学家大规模撰写传记的空白；也是一项抢救性工作，因入选传主已仙逝过半，许多亲历、亲见、亲闻的史料日见散逸，将之收集整理、编撰成书，功垂后世、利国利民；更是一项承前启后的工作，总结传主经验，传承中医药伟业，继往开来，光耀世界医学之林。这部医文结合，富蕴历史性、学术性、文学性和实用性的鸿篇巨制，对医疗、卫生、科研、教育及全球关注中华中医药文化的各界人士，都有重要的参考和阅读价值。

丛书的编撰出版，是一项巨大的中医药文

化建设工程，在策划、撰写、编辑、出版过程中，自始至终得到了国家有关领导、政府部门及社会各界人士的关心和支持。国家中医药管理局高度重视，并组织专家对全书进行终审；数百名专家、学者亲临指导，参与规划；有关省、市、自治区卫生厅、局、中医局（处）给予大力帮助；传主及其亲属、弟子热情支持、密切配合；撰稿人深情满怀、辛勤笔耕；编审专家尽心竭力、精工细琢；关爱中医药事业的企业家热心公益、慷慨资助；全体工作人员不辞辛劳、无私奉献，这一切使丛书得以顺利出版。对此，我们深表谢意。

由于时间紧迫和资料搜集困难，加之水平有限，难免有疏误之处，敬请广大读者批评指正。

中华中医药学，历史悠久，源远流长，发端于远古，奔向于未来。百年对于历史，不过是短暂的瞬间；百人对于万众，不过是沧海一粟。然本丛书所记载的百年百人，则无疑是波澜壮阔的中医药发展史上辉煌的篇章和光芒闪烁的璀璨星辰。

张镜源

目录

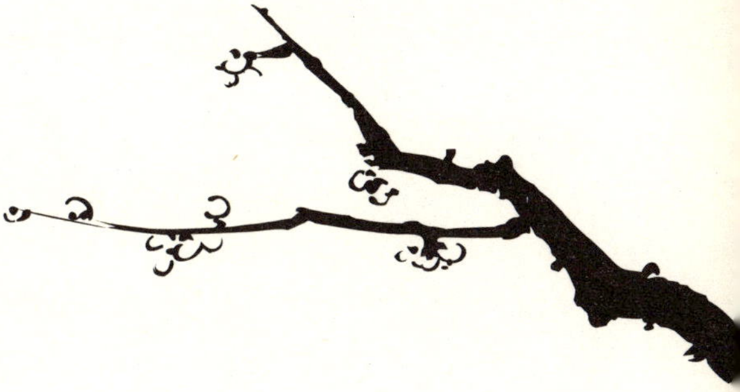

“猛火煮，慢火炖。”猛火煮，就是通读，就是默记强记；慢火炖，就是反复研习，读书千遍，其义自见，所谓“温故知新”就是这道理。

——颜德馨

颜德馨，1920年出生，著名中医理论家、临床家，同济大学中医研究所所长。祖籍山东，生于江苏，系先贤复圣颜渊之后裔，“无平不陂，无德不复”的颜氏家训是颜德馨生平学术思想的宗脉。颜德馨殚精竭虑逾70载，致力于中医药的临床、科研、教育和培养人才的工作，为弘扬中医药文化，发展中医药事业作出了巨大的贡献。

颜德馨善于总结经验。他立足于气血学说，倡导“久病必有瘀”、“怪病必有瘀”等学术观点，提出以调气活血为主的“衡法”治则，为医林所瞩目。他医术精湛，组方用药匠心独具，在治疗各科疑难杂病、老年病等方面均取得显著疗效。“瘀血实邪乃人体衰老之主因”的新观点在实践中经过长期积累酝酿，于20世纪70年代末问世，相关课题荣获局级科技进步二等奖；“颜德馨治疗心脑血管病专家系统”、“颜德馨治疗疑难病的经验总结”、“脑梗灵治疗脑梗死的临床与实验研究”、“衡法新药调节血脂功能的研究”等多项科研成果获得各级科技进步奖。颜德馨热衷于中医教育事业，成立了“颜德馨中医药基金会”，为培养中医药接班人作出了卓越贡献。在2003年“非典”期间，颜德馨更以84岁的高龄担任上海市中医防治专家组顾问、上海市中医治疗指导组组长，以及华东地区防治“非典”的首席科学家，并被中国科协和中华中医药学会授予“全国防治非典型肺炎优秀科技工作者”、“中医药抗击非典型肺炎特殊贡献奖”。

颜德馨勤于著书立说，行医70余载，发表

论文200余篇，出版了《活血化瘀疗法临床实践》、《气血与长寿》、《中国中医抗衰老秘诀》和《颜德馨诊治疑难病秘籍》等多部著作。历任中华中医药学会理事、中华中医药学会终身理事、国家中医药管理局科技进步奖评审委员会委员，以及上海市中医药工作咨询委员会顾问、上海市医学领先专业专家委员会委员、国家自然科学基金评委等职，为上海师范大学、长春中医药大学、成都中医药大学特聘教授。曾荣获"上海市名中医"、"全国名老中医"、第三届"上海市医学荣誉奖"、"中华中医药学会终身成就奖"、首届"中国医师奖"、文化部第一批国家级非物质文化遗产"中医生命与疾病认知方法"项目传承人，并多次赴美国、法国、加拿大、泰国、印度尼西亚及中国台湾、香港等地讲学。2009年由人力资源和社会保障部、卫生部、国家中医药管理局评为国医大师。

幼承家学　刻苦学医

颜德馨，先贤颜渊后裔。1920 年 11 月 21 日出生于江苏丹阳北草巷 31 号颜氏老宅。父亲颜亦鲁为当地名医，得孟河医派真传，母亲汪兰珠系出名门。在严父慈母的关怀和教导下，颜德馨深受中国传统文化的熏陶。20 世纪初的中国主流文化转型期亦已开始，新旧共存、争斗、交替，中西碰撞、排斥、融汇的复杂文化环境，深深影响着中国的传统家庭。颜德馨在典型的诗礼传家和新旧兼容的书香世家中逐渐成长起来。

父亲颜亦鲁（1897—1989），号餐芝，自幼体弱多病，遂有志于岐黄之术。初受业于丹阳鸿儒林墨舫，复薪传舅家名医魏东莱，1912 年师从名中医贺季衡。颜亦鲁为人诚恳宽厚，行医讲究“仁风”，恤贫救寡不遗余力，扶危济困舍己为人。行医 60 余载，沉潜于医道，擅长治疗肠胃病、妇科疾病和多种疑难杂症。他以高尚的医德和对中医事业孜孜以求的执著赢得了社会的认可，以医名流芳于世。

家庭的教育深深影响着颜德馨的成长，颜亦鲁既是严父，更是良师，在他的指导下，颜德馨走上中医之路。颜亦鲁常说：“知医必先明道，传统文化的根基是学习中医的前提。”1926 年，6 岁的颜德馨开始读书习字，父亲主张颜德馨从读启蒙经典开始，家中延请宿儒林墨舫。父亲比老师更为严格，他强调习字要坚持不懈，要练出执笔书写的腕力。在寒冷的冬天，颜德馨被冻得手脚冰凉，砚台上的墨汁也总是随磨随冻，但他依旧一边磨墨，一边写字，很少叫苦。少年时期，颜德馨就表现出坚毅的性格特质。

父亲为了让孩子们树立正确的人生观和价值观，还经常以传统的方式在大庭中训诫，以至子女有些害怕经过大庭。年幼的颜德馨就是在私塾的戒尺和家父的呵斥声中，背诵了那些让他感觉深奥的经书，多数篇章都是烂熟于胸。在学习中，了解到当年孔子教育其子孔鲤而留下“庭训”的典故，体会到父亲的良苦用心，懂得父亲是遵循传统、课徒教子。父亲教育子女不仅严格，也注重传授读书的方法。他对颜德馨说：“读书要‘猛火煮，慢火炖’。”猛火煮，就是强调要博览群书，把学习中医经典著作和历代名医著作作为学医入门的途径，通过泛读强记，打好理论基础的根底。任何学问初涉时必须默背强记，然后再反刍，再升华。慢火炖，就是读书学习一定要独立思考，反复研习，决不能生吞活剥，食而不化，光有博览群书还不够，还必须深思苦悟，才能有所收获。父亲教育的六个字对颜德馨一生的读书经历影响很大。

颜德馨8岁时入读白云街鸣凤小学，同时走读于精通儒学的周鲤庭老师，从汉儒的章句之学开始到宋儒的义理之学皆有涉足。小学毕业后，受教于杨锡甫先生。杨先生是江苏省有名的数学专家，曾任丹阳县教育局局长，满腹经纶且思想开明。杨先生对颜德馨在自然科学、逻辑学与国学方面的授业，影响并深化了他对中国传统文化的认识和理解。良好的国学功底为颜德馨学习中医学打下了扎实的基础。但他真正立志学习中医，还要从这样两件事说起。

一次，一位无锡的农民路过颜家附近时，被车子轧伤导致大出血，性命攸关，情况非常紧急。邻居找到颜亦鲁，他赶到后将带去的一把“铁扇散”迅速敷在那位农民的伤口上，用扇子轻轻扇之，只见血随即而止，围观的百姓惊叹不已。铁扇散是《救伤秘旨》记载的古方，以象皮（切片，焙干）、花龙骨各15g，陈石灰、柏香、松香、枯白矾各30g组成，具有生肌收口之神效。颜亦鲁仔细地叮嘱这位农民，回家后切忌饮酒，忌卧热处，恐血热妄行，勿厚裹。如果伤处发肿，用黄连煎汁外涂，农民感谢而去。中医的神奇功效深深印在了少年颜德馨的心中。

还有一次，颜亦鲁的“餐芝轩”医寓来了一位重病的农民，后背长了一个“阴疽”，漫肿无头，高高隆起，发着高烧，非常痛苦。父亲仔细辨证后，告诉颜德馨说这是由气血虚弱而寒痰凝滞，或五脏风毒积热，攻注于肌肉，内陷于筋骨所致。遂以传统中医疗法“火针”施行治疗。这种方法是用一种带有棱角的针烧红直刺患处以温经散寒，通经活络。火针刺入瞬间大量脓水流出，患者很快烧退炎消，痛苦立减。

父亲拯救垂危的案例深深印在颜德馨的记忆中，其精湛医术使他对中医的神奇疗效深信不疑，更让他体会到“医乃仁术”，可以施救夭横，造福人间。他默默立志学医，要做个像父亲一样能救死扶伤、令人尊敬的医生。

中医学源远流长，历代名医著书立言，中医古籍浩如烟海，每多折射出古代优秀哲学思想之光辉，彰显中医形象辨证思维。《黄帝内经》是中医学理论体系的核心和奠基之作，深受古代朴素唯物主义和辩证法思想的影响，其中的阴阳、五行、六气等对后世中医学术的发展影响深远。阅读《黄帝内经》是学习中医的必修课，自12岁起，他常随父亲挑灯夜读。杨锡甫老师配合督其每日背诵一章。杨老师很严格，若背不出，就会用木尺打手心作为惩罚。学习《黄帝内经》不仅可以在很大程度上提高对生命观、自然观，以及整体观念的认识，亦能塑造中医独特的认知思维。但在读《黄帝内经》之初，颜德馨着实无法领悟其中的涵义，他只是一味地读下去，父亲鼓励他说：“‘书读百遍，其义自见’，时间久了自然会有所感悟。”待熟读《黄帝内经》之后，父亲又嘱其涉猎《难经》、《神农本草经》、《伤寒论》等中医经典医籍。

颜德馨长期诵读经典，从朗朗上口至渐能背诵，这对于一个聪慧的孩子并不难，但其中的理论奥旨仍感难以揣摩。他利用课余时间襄助父亲诊务，恭敬地侍诊一侧，在父亲细致指导下学习如何接待病家，如何利用望、闻、问、切四诊进行诊病。父亲对病家的耐心和对处方的审慎态度，他都看在了眼里，刻在了心中。有时候为了不耽误患者病情，父亲常常要连夜出诊，星月当空，颜德馨提着灯笼跟着父亲一家一家去看病，问诊、开方、煎药……若病人病情严重，一天之后必来复诊；忙起来时，一晚上甚至要走十几户人家，走进最后一位病人家中时，灯笼中的火苗依然跳动，而天已经蒙蒙亮了。颜德馨一边抄方一边聆听父亲教诲，诊后还要随父亲认真地把方子分门别类地加以整理，内外妇儿以及喉科等都分别成册，父亲启发他要据此时常思索，体会用药法度。

少年时期的诊务过程、父亲的脾胃学说以及临床经验对颜德馨最初入门起到了重要作用。在父亲的影响下，他又阅读了金代著名医家李东垣的《脾胃论》，该书详细阐发“内伤脾胃，百病由生”病机理论，倡导培补脾土、潜降阴火的治疗思想。父亲在重视颜德馨对于脾胃学说学习的同时，更重视对他临床实践的指导。让他在诊治疾病的过程中体会“人以水谷为本”、“人以胃气为本”等内涵。颜亦鲁先生晚年将“固本清源”、“燥湿健脾，扶正固本”等治疗理论贯穿于治病全过程，并以善用“苍白术”而闻名。父亲的影响使颜德馨很早就树立了顾护脾胃的思想，也为他日后形成自己的治疗思想做了铺垫。

“宝剑锋从磨砺出，梅花香自苦寒来。”成

功来自勤奋和不懈的努力。非志无以成学，非学无以成才。一个人要成就一番事业不仅需要远大的志向，还需要很多优秀的品质，自主学习则是关键中的关键，尤其是学好经典著作是学好中医的关键。颜德馨在年轻时代对经典著作的学习，使他初步形成了中医生理、病理、药理、诊断以及治疗方面的认识和体系。家庭和传统教育长期的耳濡目染，让他开始走进中医这座神圣殿堂。

广开学路　志存高远

自古以来，我国中医教育主要以师徒授受和世袭家传的方式进行。直至两晋南北朝，开始出现专门的官办教育机构。当历史的页卷翻至近代，随着西方文化的渗透，西医教育开始在我国兴起。与其形成对比的是，官办的中医教育自近代则一步步衰落。至 1907 年京师大学堂医学馆停办，官办的中医教育实际上已经不复存在，而民间的中医教育在此时却渐渐兴起。颜德馨生长在这样的社会大环境中，深受当时教育模式的影响。他跟随父亲学医数年，有了扎实的中医经典阅读基础，初步掌握了系统的中医基础理论和临床知识。颜亦鲁深知学习中医要广开学路，意识到谨承庭训，毕竟视野有限，鼓励颜德馨去学校进一步学习。

1936年，16岁的颜德馨以优异的成绩被上海中国医学院破格录取，插班就读一年级下学期。说起上海中国医学院，其创办者是一批毕业于丁甘仁上海中医专门学校的优秀中医学子，包括王一仁、秦伯未以及中医专门学校先后毕业的同学许半龙、严苍山、章次公等人。1927年秋，他们会聚一堂，感叹“中医界办学虽有多年，究竟毫无进展……中医教育几致沦亡，苟非从根本阐明学术，陶铸人才，则今日中医竟有釜底游魂之势。”于是为了发扬中国医学，融合现代知识，培植国医人才，为社会服务，他们发起创办上海中国医学院，并于1928年2月13日正式成立。在首任院长章太炎以及历任院长殷受田、包识生、薛文元、郭柏良、秦伯未等的亲力亲为下，学院规模迅速扩大。颜德馨入学的时候，学院在校生达500多人，国医工会筹资近10万大洋，在天通庵路建造占地

10 亩的新校舍，并建有大礼堂，固定资产总额和教师队伍也十分可观。

那时，秦伯未院长亲笔谱写了“中国医学院院歌”，其旋律时常回荡在校园内外：

春风暖桃李开
吾院何多才
启迪炎黄绝学
灿烂散光辉
如琢如磨更栽培
前程共期千里
独步国医坛
讲座设弦歌扬
橘井长流芳
阐发轩岐垂训
富丽复堂皇
如切如磋费商量
前程共期无限
永峙春申江

……

歌词写出了上海中国医学院的办院宗旨和努力方向，也唱出了学院师生对中医事业的憧憬，激荡着年轻学子的学习热情……

在上海中国医学院，颜德馨开始系统地接受中医药专业教育。入学第一年，除了学习国文、外语等课程外，主要学习中医基础课，包括内经、伤寒论、温病学、病理学、药物学、方剂学、诊断学、治疗学、医学通论、医学选粹、医学史、医案、论文等；二年级以临床课为主，开设杂病学、外科学、妇产科学、儿科学、眼科学、伤科学、针灸学；学院还专门开设了西医课程，包括生理学、解剖学、西医外科和传染病学。当时学院的医药图书馆内各种中西医藏书超过两千余种，药物标本馆陈列的中药标本也有近千种之多。同学们秉承学院传统，积极参与和建立了各种医药研究社团，创办学术刊物，极大地活跃了学院的学术气氛，锻炼了学生的自我创造能力。同时还开展文体活动，丰富了学生的课余生活，校园生活生机勃勃。

在此环境中，颜德馨参加了“课余医药研究会”，这是学生们自发组织的课外学习活动，强烈的求知欲趋使他们经常在一起研讨感兴趣的学术问题。他们研究的内容很广泛，有对《伤寒论》、《黄帝内经》、《金匮要略》等古典医籍的探讨，有对规范中医病名的研究，有对中药药性和中药炮制的研究，还有对中医病理病机的探讨，学习气氛十分浓厚。

学生们的学习热情得到了学院老师的鼓励和支持，许多教授应邀做课余辅导，成为研究会的指导和顾问，师生间建立了良好的互动关系。颜德馨还与同学一起建立了中药药圃，积极研究植物药提取，研制了“肝胃宁”、“康她宁”、“康儿宁”等制剂，并编辑出版了“康宁医刊”，油印出来的期刊定期在学校内部传阅，很受同学们的欢迎。

一年多的学院学习生活，书写了颜德馨充实而快乐的学习历程。正当上海中国医学院一片欣欣向荣之际，日本侵略者悍然发动了“八一三”事变。日本的侵略战争不仅令中国人民陷入无尽的灾难，也给中医事业的发展带来严重的摧残。上海中国医学院新建院舍在受到严重毁坏之后，又被日军占领。医学院往日的生机顿然消失，学生星散，教师也被迫避难于租界。时任教务长的吴克潜冒着生命危险，在日军狂轰滥炸之下抢救出了唯一保存下的财产——学院历年的一些文牍档案和教学资料。

1938年初，上海周边地区已陆续被日军占领，上海的租界成了孤岛，并一度出现了畸形的稳定和繁荣的假象。在此期间，上海中国医学院的主持者和广大师生在十分困难的条件下，坚持把学校办下去，恢复每天6小时授课。进入三年级，颜德馨每天安排半天时间到市内名医诊疗所进行临床实习，主要是抄方和搜集整理医方医案。因此，他得以认识许多著名的中医名家，并抓住机会随徐小圃、秦伯未、盛心如、单养和、费通甫、祝味菊等中医大家学习。这些老师既有深邃的学识智慧，又有丰富的临床经验，理论联系实际，解疑释难，深入浅出地提出自己的见解，所言多切中要害，这些经历大大拓展了颜德馨的思维深度和广度。抗战期间，上海中国医学院流离颠沛，数度搬迁。步入四年级，颜德馨进入全天实习阶段，除了在市内名医诊所实习之外，他用更多的时间在附属医院、施诊所、善堂等处实习。此时已不单是简单地寻案抄方，他开始亲自为病人诊脉处方，每看一病，每写一方，都有带教老师从旁指导，仔细点评。颜德馨根据自己的爱好，不拘一家，多处拜师学艺，兼学不同流派、不同科别，师从多人，受益匪浅。

1939 年 7 月，颜德馨于上海中国医学院毕业，校园的栀子花盛开，仿佛在祝贺这批略带青涩而充满激情的中医学子，他们从此满怀悬壶济世的理想，意气风发地走向了社会！

医界有云："熟读王叔和，不如临证多。"学医不能只是死钻故纸堆，还要多多实践。毕业后，颜德馨随父亲悬壶于丹沪之间。独立开第一张方子时，他如履薄冰，非常谨慎。他深知行医与实习抄方完全不同，出于对生命健康的负责，他担心自己医术水平有限而延误病情。因此行医之初，每当遇到一些没有遇到过的疾病，他总是十分重视，夜以继日地查阅、学习，还积极寻求良师的指点。在他的医话《医之医》中记录了这样一段往事：那时中医门诊属于私人，各自为政，在业务上求一咨询之门不易。当时上海名医程门雪、盛心如却深为医林称颂，被誉为"医之医"。两人读书宏博，学术渊深，经验丰富，并乐于为青年学子临证指迷。故虽然两公业务繁忙，但对登门求教者悉心指导，不厌其烦。颜德馨与“医之医”的交往使他受益匪浅，倾听名师们谈论医事，给了他很多启发，医技得到长进。有一次，一个大咯血患者经某医院治疗多日未效，其亲友偶闻颜德馨医名，于是延请他为其诊治。初诊时患者咯血仍然盈盆盈碗，并伴有呻吟、烦躁、脉数、舌苔黄等症状，热象显著，遂投犀角地黄汤（犀角现已代用）加味治疗，后又两次易方，但均不见好转。颜德馨想到这些药品价格昂贵又没疗效颇感惶惑。他思索再三仍不得其解，于是登门求教盛心如先生。盛先生了解情况后，认真阅了方子，对颜德馨说道“可于方中加生军三钱，当愈”。于是他遵嘱投药，果然血止神安，效如桴鼓。还有一次，颜德馨在门诊治疗一个久热不退的患者，他以发汗、通腑、化浊、育阴等法治疗均不为功，遂请教盛心如先生，盛先生嘱其以小柴胡汤加甜茶叶、马鞭草治疗，颜德馨依此法处方，两剂后患者果然热退身清。

对盛先生传授的这种退热法，颜德馨仔细体会，牢记心间，后来广泛应用于多例不明原因的发热，皆有效验。颜德馨亦与张赞臣私交甚笃。张赞臣为沪上五官科的巨匠，更是医文俱佳的典范，治学严谨，擅长中医辨证，对喉科尤为独到。颜德馨就时往请益，析疑解难，广得其益。如用山豆根时有呕吐反应，讲究用量，并告诉颜德馨应用时必伍甘草佐之；又告治扁桃体炎之用益气养阴，仿之多效。这些看似简单的治疗方法丰富了颜德馨的学识，一药之师，终生不忘。至今他还动情地说："数十年我承先贤之遗风，乐于课徒，循循善诱，以报我师。愿我同道能将中医学术代代相传，发扬光大。"此后，他更加认识到各家皆有所长，自成特色，这些经验绝活在临床上常可以事半功倍。在诊疗实践中，他坚持学习，博采众家之长，为他后来善任内外大小方脉打下了基础。在和名师抄方临证的过程中，他开始知晓“胃以通为补”、“宣肺气以舒肝气”、“补精必安神”等中医诊疗思想，也学会了使用石楠叶治疗头痛，用天竺子、腊梅花、凤凰衣治疗小儿百日咳，用白茅花蒸豆腐治疗大咯血以及使用附子振衰救绝等，这些学术思想和治疗方法丰富完善了他的辨证思路。他指出：抄方并非单纯、机械地抄方，而是以自身为主体，要择善而取之，不断积累临诊方法，同时他还以专题的形式深入学习了“伤寒辨六经”、“温热病卫气营血相结合”的辨证方法，理论基础不断得以充实而更加扎实，在方药上亦将经方、时方综合运用。

行医之初，颜德馨曾是某医院内科病房里一个不起眼的年轻中医，工作中的问题和困难时常不期而遇，他从未怨天尤人，只是默默地通过努力和实际行动证明自己。一次病房里来了一位肺脓疡病人，肺部因为肺纤维化而出现空洞，高烧持续不退，咳吐脓黄泡沫样痰，情况十分危急。几个治疗方案用下来，起效甚微，在场的医生们此刻也已经束手无策了。“让我试试吧!”危急关头，颜德馨没有选择逃避，而是主动站出来。大家愣了，都在怀疑中医怎么能够治疗这么棘手的病？颜德馨诊脉辨证，并以鱼腥草为主的药方施治。接下来的三天三夜，他在病床边陪护病人，亲自熬药，细心观察患者的服药反应。很快，中药起了作用，40℃的高烧退了下来，各种症状均得到改善。就这样，颜德馨以传统的方法先后治好了一批肺脓疡、肺结核纤维化空洞病人，在西医为主导的医院中，赢得了医护人员的尊重。还有一次，他应邀去其他医院会诊，当时患者情况比较危急，治疗方案亦不够明确，包括内服、外用的药物前后共21种西药同时应用到患者身上，而患者病情依然没有明显改善。颜德馨在看舌苔、把脉等细致诊断后，很明确地诊断为“桂枝汤证”，他大胆地建议西药全部停掉，采用中药桂枝汤进行治疗，结果3剂药之后，患者奇迹般地好转。这些实例让人们对中医刮目相看，提高了中医的治疗地位。日后，随着临证的积累，他更加敢于突破治疗疾病的定式，不断进取，拓宽治疗思路，大胆应用一些普通医生不敢用的方剂，如大青龙汤、附子汤、抵当汤等，还运用干姜、附子、犀角（现已代用）与羚羊角等“重量”级药味，这要求医生要深入了解并全面把握患者的体质、病因、病证等综合因素才能正确运用。在广泛的实践过程中，他渐渐少了畏惧，但却更加细致谨慎。他谨记先哲孙思邈所言，“胆欲大而心欲细，智欲圆而行欲方”，医术渐渐精进。

学习是一个温故而知新的过程，颜德馨利用数年的诊余时间，一边临证一边认真学习了《金匮要略浅注》、《陈修园医书七十二种》、《本草备要》、《景岳全书》、《脾胃论》、《临证指南医案》等各家医著。他在忙碌之余，还细心地发现当时人们对医疗卫生知识极其欠缺，而这种状况使得很多可以避免的疾病却在传播。他意识到普及医学知识的紧迫性和重要性，曾为多家报纸撰写医学文章以进行中医医疗养生知识的传播，架起医患温馨沟通的桥梁，深得读者和病家的赞许。

1945 年抗战胜利，颜德馨举家迁返故里，看到百姓贫苦、缺医少药的生活现状，他积极创办“德社”，免费为儿童接种疫苗，免费施诊给药，又为丹阳两家报纸开辟“中华医药”、“民族医药”两个副刊，长达 60 余期，广泛传播和普及医学常识，在当地产生很大影响。他对事业的热情和出众的社会活动能力，赢得了同事的尊重，并获得民众广泛的支持，被公推为丹阳县中医师公会理事长。1949 年，他积极组织和参加全县 200 余名中西医师联合筹委会，并由公众推举、政府任命为医联筹委会副主任委员。

中华人民共和国成立后，中医事业得到了

政府的支持，如枯木逢春，迅速发展，颜德馨以满腔热忱投入到祖国建设事业中。为了更好地学以致用，颜德馨放弃私立诊所之高额收入，加入到上海黄浦区第一联合诊所。1950年，他当选为第一届黄浦“卫协”执行委员及秘书组组长，兼中医师业务组组长；并加入了农工民主党，担任闸北区委副主委，因其工作中的突出表现被评为上海铁路局先进工作者，光荣参加了上海市先进工作者大会。1952年，颜德馨参加了上海市第一届西医进修班，这是他第一次对西医学进行系统的学习。他以兼收并蓄的学习态度，积累了一定的西医知识。

慎思明辨　衡法扬名

20世纪50年代，颜德馨担任上海铁路中心医院中医科主任，在门诊接触的疾病种类日渐增多。为了更好地发挥中医药的治疗作用，他率先在上海市的综合医院里建立了中医病区，提出了“创新与继承相结合，理论研究与临床实践相结合，科学研究与中医特色相结合”的原则，并在摸索中建立了一套管理制度。20世纪50年代后期，他开始涉足于血液病的领域，探索中医治疗血液病的有效药物。为了尽量多地观察病例，他积极寻找机会，与多家医院进行联系、交流，参与了大量血液病的治疗。由于白血病是一种不明原因的恶性疾病，主要病变为造白细胞组织异常增生，导致全身各组织和脏器遭受浸润。为了寻求可靠的中医疗法，他深入钻研了多部医学著作，探讨中医气血理论，投入大量时间在实验室中进行实验和观察。他认为白血病属于中医学的温毒、虚劳、癥瘕、积聚等范畴，治疗过程中必须对病邪予以足够的打击，首创了白血病的中医分型证治：阴虚型、阳虚型、温热型、阴阳两虚型和瘀血型。他注意到“犀角（现已代用）治吐血、衄血、下血及伤寒蓄血发狂”等文献记载，并将其应用于临床，兴奋地发现犀角（现已代用）能使白细胞迅速降低、高烧下降、出血缓解。在治疗中摸索，在摸索中发现。经过长期科研和临床观察，他又发现砷剂可以降低白细胞，可治疗各种急性白血病，并提出雄黄是抑制白血病的有效药物。

颜德馨结合自身多年的实践经验，领悟到气血流行全身所有组织器官是进行生理活动的物质基础。气血以流畅和平衡为贵，如果气血失去流畅就会产生瘀血，瘀血阻于体内，反过来又会进一步导致气血艰涩和失衡，引起脏腑病变，疾病丛生。他以临床治疗白血病的实践感悟和对气血的认识为主，先后发表了《白血病的辨证论治》、《白血病的综合治疗》、《白血病发病机制试探》、《白血病证治》等7篇论文，并提出了中医对白血病诊断治疗的总体方案，在中医界引起了较大反响。

然而正当颜德馨满腔热情地开拓业务的时候，他被下放到五七干校劳动，但他没有消沉。白天劳动一天，晚上仍然严格鞭策自己读书。别人入眠的时候，却是他最佳的读书时间。他那时虽然年轻，但拿起书本便可心如止水，他先后阅读了《儒门事亲》、《血证论》、《医林改错》、《类证治裁》、《医门法律》等医学典籍，午夜的孤灯伴随着他的每一次翻阅和思索，每有新悟，不禁欣然振奋。那些日子里，广大患者们的信任是他最大的精神支持，他的家门经常在半夜时分被叩响，都是患者不顾时限来请他诊治。每当看到病人家属恳求的目光，他总是尽量不让他们失望，迅速披衣起身，毫不犹豫地跑出去看病。他的高尚医德和精心治疗得到了百姓的称赞，更赢得了患者和家属对他发自内心的尊敬。人生的历练让他的医德、医术都在不断地升华。

1978年9月，中共中央向全国医药系统发出一份名为《关于认真贯彻党的中医政策，解决中医队伍后继乏人问题的报告》的文件，中医再次获得新生。1982年，新颁布的宪法中提出"国家发展医疗卫生事业，发展现代医药和我国传统医药"，给中医和西医同等重要的地位，打破了中医药界沉闷的局面。20世纪80年代，颜德馨重新回到工作岗位，自此他广泛研究各家学说，对待西医兼收并蓄，为我所用，探索用现代化知识来完善自己的理论。他以一颗充满求知热情的年轻的心，不断学习新的知识，拓展知识的深度和广度。他认识到中医事业要发展就一定要紧跟时代步伐，不仅要实事求是，而且要敞开心胸，积极汲取当代优秀的科技成果为我所用，将临床经验转化为科研成果。

为了学习西医学的先进之处，他开始筹建中医实验室，建立中医楼。在当时的条件下建中医楼，在很多人眼中只是一个美丽的幻想，但倔强的颜德馨充满信心，他认为中医要发展，就要与西医具有同等的地位。他先后八次奔波于铁道部与上海之间，终于得到部领导的支持和帮助，建起了上海铁路中医技术中心大楼，这一砖一瓦都承载着颜德馨的心血和希望。办公楼和学术条件的改善，使他更加积极地投入到中医的科研工作中，此刻的他开始攀登人生的又一座高峰。

颜德馨在总结长期积累的临床经验时，发现多种疾病都与气血密切相关，尤其是久病、怪病等疑难杂症，基于临床疗效的支撑，颜德馨开始从血液病深入到对中医的气血理论的研讨。在中医典籍与临证经验双重基础上深入思考，他发现从小就深信不疑，甚至崇拜的父亲的脾胃学说对疾病治疗亦有不尽囊括之处，诸多疑难杂症并非全部源于脾胃不足，而是源于瘀血内生。勇于探索和不断超越自己的精神指引他继续开拓学术之路。

他在临床中深刻体会到“气血不和，百病由生”的深刻含义，气血的流畅和平衡是气血发挥正常生理功能的基础，血液循行于脉管之中，流布全身，而气通过升降出入，可以到达各个组织器官，两者并行以供给人体各脏腑组织之营养需要，这是人体健康的基本条件。此后，在中医基础理论的基础上，他又重点钻研了王清任《医林改错》、唐容川《血证论》等专著，这些典籍使他初步形成调和气血的思想，并体会到人体阴阳与气血的密切关系，任何一种疾病的发生均将影响到气血的正常循行，而瘀血的存在，又会进一步加重气血的失衡，从而形成恶性循环，导致脏腑生理功能无法正常发挥作用。

颜德馨曾治疗一位再生障碍性贫血患者：红细胞 2.2×10^{12}/L，血色素 50g/L，白细胞 2.8×10^{9}/L，网织细胞 0.1%，骨髓穿刺提示“骨髓部分抑制”。症见面色不华，神疲乏力，齿衄，巩膜及眶周色素沉着，脉细缓，舌淡红，苔薄腻，患者情况非常危险。对此，中医辨证一般认为是气血、肝肾的亏虚，以补益气血、益精填髓为主要治疗方法，但颜德馨经过仔细把脉，反复斟酌后，认为此病是因瘀浊胶滞，导致生化无权，应以宣畅气血为第一步，处方以活血化瘀为主。7 帖后，患者精神状况明显好转，检查结果显示患者的红细胞 3.1×10^{12}/L，血色素 83g/L，白细胞 5×10^{9}/L，血小板 8×10^{9}/L，奇迹般的效果使患者和家人展露了充满希望和信任的笑容。患者坚持服药21帖后，病情得到完全控制。颜德馨早年还治一支气管扩张大咯血不止患者，经用一般化瘀止血之品疗效不明显，加入降香降气而血立止。临床有所得，勤于付笔端。

融会临床实践，他发现凡是怪病、久病患者，都有舌质发紫、角膜瘀丝、眼底色素沉着，主诉常有夜间多梦、思维不集中等。为了寻找科学理论依据，颜德馨对病人进行了相关实验研究，结果证实这些患者体内均存在瘀血。这些研究让他感觉小时候就学习的治则八法，即清代医家程国彭提出的汗、吐、下、和、温、清、消、补八种治法，虽然对继承总结中医治法起到了重要的推动作用，一直沿用至今，但面对人类疾病谱的不断改变，这八种方法似乎已经不能概括中医治法的全貌。

“人所欲为，譬如穿池，凿之不止，必得泉水。”岁月的磨砺，不懈地探索，使颜德馨的辨证思维日趋成熟。在《黄帝内经》"气血正平，长有天命"，"疏其血气，令其条达，而致和平"，"谨察阴阳所在而调之，以平为期"思想的影响下，他通过长期在传统文化、医药典籍的宝库中广搜博取，探索人体气血运行规律，积累了宝贵的治疗血液病的经验，最终在此基础上提出"气为百病之长，血为百病之胎"，"久病必有瘀"，"怪病必有瘀"等学术观点，首创调气活血的衡法治则。

何谓衡法？"衡法"即是通过治气疗血来疏通脏腑气血，使血液疏通，气机升降有度，平衡阴阳，从而祛除各种致病因素。临床上，颜德馨常这样解释："所谓衡者，《礼记·曲礼下》谓'大夫衡视'，犹言平；《荀子·礼论》谓'衡诚悬矣'，系指秤杆。可见衡有平衡、权衡之义，能较全面反映其疏通气血，平衡阴阳的作用。"他还说病者不平也，医者平其不平，调其偏性者也。衡法就是以气血为纲，调气活血而臻平衡的祛病养生思想。

对于衡法的实际运用，颜德馨指出要在临床实践中去理解和掌握古方的遣药组方规律。比如，将王清任的学术思想融入衡法用于临床治疗，他体会到其“补阳还五汤”为益气活血法的典范方剂，黄芪与当归、桃仁、红花等配伍，能收气旺而血行畅，瘀化而脉通之效。活血药既有助于气血运行，逐瘀血之隐患，又能消除黄芪之满中，为黄芪发挥药效扫清障碍。他经过长期的临床实践后自拟“益心汤”，补气与活血同用，通补兼施，方中重用黄芪、党参益气养心为君，辅以川芎、丹参、赤芍、山楂等活血通脉为臣，旨在益气活血，俾气足则助血行，血行则血瘀除，用于治疗冠心病、心肌梗死、心肌炎等病，屡起沉疴。

中医学讲“用药如用兵”，颜德馨将用药法式与对气血的认识紧密结合，临床分为升降气机法、降气平逆法、补气升阳法、清热活血法、温经活血法、活血止血法、活血通络法、活血祛痰法、理气活血法、益气活血法等10余种治则与方法。由于治疗方法准确，疗效卓著，颜德馨很快在中医界以善用调气活血法闻名。通过数十年临证实践，他渐渐加深了对气血关系的认识，完善了调气以治血的治疗方法和有关的用药经验。总结下来主要表现在三个方面。

首先，他重视对气机的调畅和调气药的应用。在理气诸药中尤其推崇柴胡，以其辛行苦泄，善条达肝气，疏肝解郁，擅长治疗气滞不畅诸症。古人常以柴胡配芍药，柔肝与疏肝同用，肝之疏泄生理得复，则气可通血可活。此用法渊出四逆散，逍遥散亦用之。颜德馨常用此治气滞血瘀，作为基础药对，偏于气滞者用白芍，偏于血瘀者用赤芍。

其次，他重视气的推动作用。气一方面可以直接推动血行，另一方面又可促进脏腑的功能活动。临床上，颜德馨采用温壮阳气法化瘀，善于应用附子。附子是温阳要药，其味大辛，性大热，为百药之长，功兼通补。明代名医虞抟精辟地指出："附子禀雄壮之质，有斩关夺将之气，能引补气药行十二经，以追复散失之元阳；引补血药入血分，以滋养不足之真阴；引发散之药开腠理，以驱逐在表之风寒；引温暖药达下焦，以祛除在里之冷湿。"颜德馨用附子、人参配伍水蛭、大黄，治疗瘀血征象极为明显的慢性肺源性心脏病；用附子、黄芪配伍丹参、生蒲黄治疗冠心病心绞痛、心肌梗死患者。

再次，对络病日深，血液凝坚的沉疴痼疾，则非一般辛温通络之品所能获效。颜德馨效仿叶天士"每取虫蚁迅速，飞走诸灵，俾飞者升，走者降，血无凝着，气可宣通"之法，投以水蛭、全蝎、蜂房、䗪虫等虫蚁类药以搜剔脉络之瘀血，松动其病根。

颜德馨根据衡法这一治疗法则，采用活血

化瘀法治疗各种疑难杂症颇具建树。他曾治疗一位 19 岁女子，自小患左上肢血管瘤，左手背、手指、前臂肿胀疼痛，不能劳作。左手臂周径为 39cm，左手背周径为 28cm，青筋暴露。X 线片显示：左前臂及手背血管瘤，尺骨中下段增粗，尺骨、桡骨远端关节脱位。经院外会诊已经认为无法保留，拟予以截肢治疗。对此，颜德馨经过反复而深入的思考，决定采用清热化瘀、软坚清瘤之法治疗。两年后，患者左前臂周径缩小为 26cm，不仅避免了截肢的痛苦，而且能自己穿衣，恢复了工作能力。

人类的抗衰老问题，一直是世界医学界研究的重大课题。上海作为我国首先进入老龄化的国际大都市，人口老龄化问题尤为引人瞩目。颜德馨长期关心老年人的健康问题，一直重视运用中医药研究这个领域。通过长期观察人体血液变化，他对气血的认识逐渐深化，将衡法进一步拓展到老年病领域。他发现不同年纪的人，其体质在很多方面存在区别，老年血液病患者的血黏度普遍增高，而且老年人常见的疾病，都有明显的瘀血病理体征，例如色素沉着、皮肤粗糙、老年斑的出现、巩膜混浊等。颜德馨反复思考并结合大量实验研究指出，气血流通是机体健康的标志，而瘀血是人体衰老和疾病的根源。颜德馨将其衡法理论用于抗衰老领域，指出瘀血不除，滥补无益，明确了以调畅气血法延缓衰老，这与以往习用补肾、健脾等方法抗衰老的理论截然不同。从排除导致衰老的病理因子入手，用黄芪、苍术、当归、赤芍、红花等中药为主组成方剂，消除体内瘀积，纠正脏腑虚衰，以使气血达到新的动态平衡。对于血瘀证的诊断则以四诊为主要手段，实验室检查为辅助手段，并结合病史，全面地从症状、体征、病史、实验室数据等四个方面进行综合分析，方能得到正确的诊断，此即“颜氏血瘀证诊断法”。在治疗上则将衡法融会其中，用于治疗各种老年病，尤其对心血管疾病疗效非常显著。因此，“衡法”成为老年人受益的“长寿新说”。

运用衡法出奇制胜治疗心脑血管病的例子可谓不胜枚举。如应用温阳活血法治疗不稳定性心绞痛，使不少患者心绞痛发作频率明显降低，减少硝酸类药物剂量，有些患者甚至停用西药。如王某，女，60岁，冠心病心绞痛频繁发作一年余，经用多种药物治疗效果不明显。改用温阳活血法一个月后，心绞痛基本消失，以往所服扩冠状动脉药也逐渐减量。颜德馨还曾运用益气活血法治疗冠心病介入疗法后再狭窄的病例，为中医药治疗该病摸索出一套行之有效的治疗手段。又如徐某，女，海外华侨，因患冠心病回国做介入治疗，术后心绞痛依然频发，经用温阳活血法后心绞痛明显减少，活动后也不再发作。

颜德馨也运用下瘀泄热法治疗肺性脑病。

他认为肺心病患者每因外感风热或风寒入里化热，热邪灼津成瘀、成痰，而致病情剧作。若肺中郁热不解，则移热于大肠，致使大肠腑不通，瘀热则无外达之机，故临床上颜德馨每以下瘀泄热为治疗大法，取抵当汤合葶苈大枣泻肺汤同用，常可获效。相关的动物实验也完全证明了颜德馨观点的科学性，在给予观察组动物服用一段时间活血化瘀药物之后，在耐缺氧、抗疲劳、抗寒冷、抗衰老等方面都明显优于对照组动物，动物内脏结构也有明显变化，免疫系统的胸腺有大小之分，子宫有正常与萎缩之别，睾丸有正常与衰老之差。在几十年的研究中，颜德馨形成了独特的见解，积累了诸多经验，将论治与气血的作用结合攻克了许多疑难杂症。

1994 年 8 月，上海市卫生局拍摄了颜德馨个人传记片《岐黄一杰》，记录了其从事中医工作的经历。《人民日报》“杏林奇葩” 专题报告了

“衡法创始人颜德馨先生”。1997年，上海市卫生局专家组鉴定、通过“颜德馨治疗心脑血管病专家系统”和“颜德馨治疗疑难病的经验总结”，并荣获上海市中医药科技进步二等奖。颜德馨1999年获上海市第三届“医学荣誉奖”，同年12月10日，上海市中医药界举行“颜德馨先生行医60年庆贺会”，市领导及专家等200余人到会祝贺。《解放日报》、《文汇报》以“杏林六十载，技法照后人”为标题作了头版报道。

2001年，在上海市卫生局领导下组建了上海市中医心脑血管病临床医学中心，颜德馨作为该中心学术带头人，带领优秀团队的研究人员积极投入到科研和医疗工作中，进一步贯彻治病养生当重气血的学术主张。目前中心的建设已取得明显成效。上海市科委组织的专家鉴定通过了“脑梗灵治疗脑梗死的临床与实验研究”。2006年12月，颜德馨学术思想、临证经验的标志性学术专著《颜德馨诊治心脑血管病精粹》由人民卫生出版社出版。随着岁月的流逝，颜德馨对中医学的体会进入了一个新的境界。衡法在抗衰老领域被广泛应用，如冠状动脉硬化、心肌梗死、心律失常、心力衰竭、心肌炎、高血压、脑梗死等，他采用以调气活血法为主的衡法治疗了许多传统认为是“肾亏”的阳痿、脱发、耳聋、眩晕等病症，许多医案都被收载于颜德馨所著的《活血化瘀疗法临床实践》、《颜德馨诊治疑难病秘籍》、《中华名中医治病囊秘·颜德馨卷》等书中，确切疗效使其提升为一个独立完整的中医治疗理论，显示了它强大的生命力。2003年，“衡法新药调节血脂功能的研究”通过上海市科委组织的专家鉴定，并被评为上海市科技进步三等奖和同济大学临床医疗成果奖。

德医双馨　开拓创新

20 世纪 80 年代，颜德馨面对中医“墙里开花墙外香”的尴尬局面，多次撰文，以《如何面临外来的挑战》、《如何振兴中医》、《中医笔谈国外中医热》等为题阐述自己的观点，反对因循守旧，固步自封。他指出：对于国外要赶超我国中医的说法既是给我们的压力，也是一种动力。中医界要统一认识，团结起来，继承中医经典，积极利用现代科技手段，进一步发展中医学。

进入 20 世纪 90 年代，上海的中医药业采取开设分部、科研合作、技术培训等方式进一步发展，进而走向世界。据统计，那时国内已经为世界各地培训针灸学员 3000 余人，有 200

多名留学生在沪接受中医药的正规教育，并与十多个国家建立了中医药的合作关系。上海的名医们也开始走出国门进行学术交流，颜德馨活跃于中医界各种学术活动中，不仅与国内中医同仁来往密切，切磋医道，而且也非常重视同海外中医同行的接触、交流和互访。他多次应邀参加世界传统医学大会及由美国加州中国医学研究院、国际东方医学会、台湾“中国医药研究院”、香港中医癌症研究中心等主办的各种学术会议以及到各科研机构做临床和科学研究成果报告，荣获了多项荣誉奖励。他的学术成果广泛传播到北美、欧洲、东南亚、港澳和台湾等地，影响颇广。他连续三次访美，都引起了舆论界和学术界的广泛关注。

1992 年访问香港时，颜德馨发起创办的旨在促进中医药现代化，提高中医药学术地位的中医药研究中心——当代沪港台中医药研究中心，在香港注册成立。该中心是沪港台中医界首次打破地域界限而成立的学术研究机构，引起了强烈的反响。1993 年，颜德馨受聘于台湾中医针灸学会，作为学术顾问赴台讲学。在此期间，颜德馨遇到长期阅读其书籍并深感受益的台湾中医师邱雅昌，通过亲切的交流，颜德馨喜收邱雅昌为徒，成为海峡两岸的一对中医师徒。1994 年，颜德馨应邀再次赴台讲学，作了“活血化瘀疗法临床实践”、“抗衰老专题”、“中医治疗难治病法则”、“热、痛、血、厥的治疗”以及“化瘀十法”等专题讲座。在此期间，颜德馨在其台湾弟子的陪同下会晤了陈立夫先生。一贯热心于中医事业，在台湾中医药界很有影响的陈老当年逾 95 岁，因早闻颜德馨医名而特殊优先接待，他们在孔孟学会作了一次气氛友好的谈话，结束后陈老赠笔墨以示推崇。颜德馨热情真诚，乐于结交朋友，中医事业指引着他与海内外同仁走到一起，畅谈国学，潜心医道。1996 年 4 月，上海市名医门诊部在泰国曼谷设立分部，颜德馨来到当地，为患者诊治疾病并受到泰国民众的热情欢迎。

进入21世纪，颜德馨虽年事已高，但依然执著地奋斗在中医学的最前沿并取得了卓越的成就。颜德馨认为，中医目前面临着种种问题，除了中医的传承外，中药贸易也令人担忧。中国草药的开发和出口已远远落后于日本等国，中国本土的中药生产，从选种、种植、采集、炮制乃至包装，都存在问题。他指出，中医走向世界应该与中药进一步结合，促进中医药产业化。他反对将知识占为己有，并且身体力行，积极开发临床疗效可靠的中成药。

针对中医药在产业化、市场化方面进展缓慢的现状，颜德馨以兼容并蓄的态度、卓越的洞察力和社会活动能力与现代企业合作，他主张接纳包括现代中药、化学药在内的一切能将中医药发扬光大的“盟友”。

自20世纪80年代，颜德馨就开始踏上产

学研一体化的奋斗征程，他长期致力于将“衡法抗衰老学说”进行成果转化。在长达20余年的研究中，他以追求卓越和永不言败的学术精神先后创制了四代产品，取得了明显疗效。第一代产品为“衡法二号”，通过研究证实其具有降低血脂、改善微循环等作用，荣获国家中医药管理局科技进步二等奖。20世纪90年代，第二代产品“颜氏寿宝”研发成功，在美国推广10余年，在北美地区影响非常广泛，用于患高脂血症10余万患者，并行销加拿大等地。20世纪末，他又创制了第三代产品“衡生颗粒”，由四川太极集团开发，其销量位列全国中药产品前十位。21世纪初创制的第四代产品通过对“衡生颗粒”拆方研究，筛选出新组方——调脂护脉方“行气活血颗粒”（国药准字B20050048），既保留了原方功效，又简化了处方，疗效颇佳。2003年，颜德馨的“衡法在调节血脂中的应用”被评为“中医药科技成果推广项目”，充分肯定了他的研发成果。

2000 年和 2001 年，颜德馨将其临床应用了多年的两个中药验方消渴方和醒脑方交给天津天士力集团实施产业化。消渴方不同于一般中药视糖尿病为“虚证”而采用补肾为主的治疗路线，而是在颜德馨“脾胰同源”观点的指导下，抓住健脾和活血化瘀来解决最棘手的“胰岛素依赖”和并发症问题，临床反馈良好，由此颜德馨萌发了研发的想法。经过几年来的新药开发、三期成功的临床实验，消渴方终于成功面世，2008 年 9 月 24 日在上海成功举行了上市发布会。消渴方产业化之后更名为“消渴清颗粒”，为纯中药制剂，主要针对非胰岛素依赖型糖尿病（2 型糖尿病）。本方基于中医药“君臣佐使”的用药理念，方中君药为苍术，通过运脾健脾，激发胰岛功能；臣药知母，以养阴为主，能解决糖尿病阴虚燥热的常见症状；佐药地锦草发挥清热降糖作用；而以生蒲黄为使药则在于化瘀降脂，可有效预防糖尿病合并症。颜德馨指出："此方是从中医整体论的观点出发来考虑的，目的在于如何让糖尿病病人不要再为药越吃越多而苦恼，同时调节血糖，减少并发症，让病人提高生活质量。"同样来自于颜德馨治疗临床老年性血管性痴呆病的"醒脑方"也已经完成临床试验，正在申报新药证书和注册批件。颜德馨认为：中医与中药是"鱼水关系"，如果中药的发展没有中医思想的统领，那么，这种中药就没有中医的魂，没有中医的内涵。开发中药，必须在中医理论体系的指导下进行。发展中医一定要全面思考，来不得半点马虎。

善治热病　抗击非典

20世纪上半叶，颜德馨投身临床第一线，接触了大量温热疾病，这些疾病具有明显的流行性和传染性，十分危险。他在治疗热性病方面秉承孟河学派马培之和先太师贺季衡的学术经验，经过反复的临床历练，用药多有独到之处。他常用三石汤退热存阴，薄荷与石斛同用，豆豉与鲜生地同用，辛透与甘寒同用，透邪而不伤津液；玉枢丹之内服外敷；避瘟丹治湿热交蒸；桂枝龙骨牡蛎汤治疗阴阳离绝；四磨饮子在温热病中应用以及洋酒白兰地内服外敷等。颜德馨推崇“圣人不治已病治未病，不治已乱治未乱”的观点，发扬“客邪贵乎早逐”、“逐邪勿拘结粪”、“无拘于下不厌早”等学说。在治疗疾病的过程中，融入了中医治疗重视预防的先进思想。他还推陈出新，主张卫表先汗，注重透邪，倡导寒热并用，首创“羌英汤”以发汗退热逐邪，在治疗热病上可谓一绝。

2002 年 11 月至 2003 年上半年，传染性非典型性肺炎（非典）在全国乃至世界范围肆虐流行，这场近似于灾难性的疾病给人们的生命和生活造成了很大影响。2003 年 4 月 13 日，温家宝总理在全国“非典”防治会上指出：“强化救治工作，提高治疗效果。各地都要指定专门医院，增强收治能力，切实提高治愈率，明显降低死亡率……要采取中西医结合等有效办法，积极探索和提高治疗效果。”这为医务工作者指明了努力方向。“非典”最早在广东省发现并向其他地区蔓延。刚开始时，由于病因不明，救治患者非常困难，部分医务人员也因此受到感染。全国中医药界专家积极响应国家号召，在与“非典”的抗争中发挥了重要作用，得到了我国政府以及世界卫生组织的高度评价。当年4月，颜德馨以84岁高龄，勇挑重担，奔走在第一线，担任华东地区中医药“防非典”科研协作组首席专家，并受聘参加“上海市非典型肺炎中医专家指导组”，任专家顾问。作为一名医生，他忘我地投入工作，但人们很少知道，就在2002年的秋天，颜德馨在寻找资料时不慎跌倒受伤，在上海市瑞金医院做了全髋置换手术，他以顽强的意志和积极的人生态度闯过了感染、肝损、失血、心衰等险关……身体还在恢复中的他立即参加制订中医中药预防“非典”的方案，就“非典”病人发热、气促、纤维化、激素反应、危症抢救等制定对策，创制了“扶正祛邪方”，授权上海三家制药厂生产，上海市科委紧急将此列为科研项目，边科研，边防治，为预防“非典”作出了有益贡献。他还参加上海市“非典”病人的远程会诊，为进驻上海市传染病医院“非典”病房的中医师进行指导，同时还为广东省中医院运用中医中药治疗“非典”工作献计献策，展现了中医治疗热性疾病的临床优势。颜德馨在“非典”防治工作中，充分发挥其治疗热病的丰富经验，并结合先贤贺季衡先生之经验，取得非常可靠的临床效果。他认为“非典”作为一种急性传染病，由于地域、患者体质、病程长短，以及临床症状的不同，会出现不同的临床征象，辨证论治是根本，重视“有是证，用是药”。

2003 年 7 月，颜德馨分别被中国科协和中华中医药学会授予“全国防治非典型肺炎优秀科技工作者”、“中医药抗击非典型肺炎特殊贡献奖”。2004 年 2 月吴仪同志在全国中医药工作会议上，肯定了中医在抗击“非典”工作中的成绩，指出中医药治疗急性热病是个宝库，积累了丰富的经验，今日中青年中医师由于种种原因已经很少接触到包括急性热病在内的急症。但“非典”的教训告诉我们，完全有必要培养中青年中医师处理急性热病的能力，并将一批有较高辨证论治水平的中医师组织起来，建立中医药治疗急性热病的应急网络，全面介入，以应对突发公共卫生事件。

此次“非典”不仅凸显了中医药治疗热病的优势，更引起了颜德馨的注意和深度的思考。他开始着手建立一个防治热病的平台，系统研究总结中医药治疗“非典”、登革热、禽流感等急性热病的辨证论治体系，以指导临床实践。2004年初，颜德馨以首席科学家的身份参与上海市科委的重大项目“中医防治急性热病应急网络”建设，该项目中的一个重要合作伙伴，就是广东省中医院。颜德馨说：“这个项目很多人想拿，但又不敢拿。现在医院里，西医看急性病、中医看慢性病已经形成了习惯，中医接触急性发热病人的机会太少，都快把老祖宗治疗热性病的本事全丢掉了。这个担子很重，但我不怕，医生就是要有责任感，要有大元帅的气度，敢于和疾病作斗争。”一番话掷地有声，颜德馨依然雄心万丈。这个网络致力于组织培养一批具有较好辨证论治水平的治疗急性热病的中医师，并总结中医药治疗急性热病的辨证论治体系，以指导临床实践。对一些传统著名的成药，如紫雪丹、安宫牛黄丸、至宝丹、玉枢丹等，进行抢救和保护，形成新的中药制剂为临床服务，积极研制小复方中药新制剂，针对新的传染病审证求因，创制新的中药品种。包括同济大学、上海中医药大学在内的四所大学以及同济大学附属第十人民医院、附属同济医院、附属东方医院、上海中医药大学附属医院等10家医院组成了一支有22人参加的、具有较高辨证论治水平的中医师队伍，对急性热病中医辨证体系进行了归纳整理，并对青英颗粒治疗感冒（风热证）、连术颗粒治疗泄泻（湿热证）进行了临床与实验研究。

2008年，颜德馨将一批珍贵的防治“非

典”资料捐赠给上海市档案馆。这批资料包括卫生部、上海市卫生局等关于中医治疗“非典”的文件、“非典”中医病案、香港地区“非典”治疗方案、上海中医界参与“非典”治疗工作汇报、颜德馨关于“非典”治疗的讲义和有关论文手稿等。其中，“非典”病例资料和“非典”中医病案收录了上海地区全部7例“非典”病例的原始症状、每日病情变化和治疗方案，为中医介入治疗非典型肺炎提供了丰富的经验，具有很高的参考价值。“香港地区‘非典’治疗方案”则是以颜德馨为组长的“上海市非典型肺炎治疗中医专家指导组”，针对香港地区“非典”的情况探讨中医治疗方案往来的传真件。这些资料是反映上海与香港两地“非典”流行期间守望相助、互相支持的感人篇章，具有极高的医学价值。

培养后学　不遗余力

“师者，所以传道、授业、解惑也。”为提高中医队伍的内涵素质，颜德馨积极带教进修生、博士研究生、学术继承人。他不辞辛劳，登台讲课，勤于查房，随时讲解，理论联系实际，循循善诱。他常以先哲墨子“志不坚，智不达”勉励学生。

颜德馨勉励学生要多读经典，早读经典，尤其是《黄帝内经》。他对学生说：“中医是一门非常需要悟性的学科，《黄帝内经》是中医的灵魂性著作，是中华文化的瑰宝。但阅读《黄帝内经》绝不能局限于《黄帝内经》，要结合《易经》、《难经》等学习，因为他们之间有着千丝万缕的联系，靠多读书来提高文化修养，更要勤思考，这样才能触类旁通，升华自身认识。以《黄帝内经》为基础，结合广泛阅读，实践伴随思考，才能有所感悟。”以《黄帝内经》中的“治未病”为例，颜德馨指出：如果不懂中医五行和藏象理论就不会真正理解治未病的内涵，而不懂“治未病”就不是一个真正的中医。“治未病”不仅是“预防疾病”，更要将疾病的因果关系、五行的相生相克等理论体现在治疗的过程中。比如，如果一个病人是表证，除了要对舌苔、脉象进行观察鉴别外，同时还要防止其传变，要兼顾阳明腑证的预防和治疗等。若遇到热性病就要特别注意患者的大便情况，因为“肺与大肠相表里”。总之，中医治疗疾病一定要体现五行、藏象理论以及内在联系。

颜德馨善于汲取历代医家之精华，兼收并蓄。他鼓励学生要开放思路，广泛阅读。除了熟读经典著作，还要系统研读各家学说，广泛涉猎笔记小说、医论医案、医话药话等。他指出:“中国古人把著书立说看得很神圣，大部分流传下来的书是比较可靠的，经验总结也很实在。尤其是当代许多著名老中医的著作和医案医话，记载了他们临床的心得感悟、特色经验以及学术思想，既具有鲜明的学术个性，又真实详细、辨证灵活，是学习间接经验的宝贵资料。”颜德馨在众多医家中尤其推崇张从正、张景岳、叶天士、王清任等。他深感景岳学说对于理解《黄帝内经》大有裨益，在临证带教时常结合临床体会与学生们进行深入探讨。

颜德馨反对保守，没有门户之见，他经常鼓励学生要多拜老师，学习各流派的经验。他曾诙谐地说:“相传清代名医叶天士曾拜过 17 位老师，而我所拜过的老师怕远不止 17 人了。”为了将自己的经验传授给学生，他经常举办各种讲座，每次授课，都要做充分的准备，理论结合临床，系统精辟，释疑解难，常常一语中的，深受学生们的欢迎。比如他重视脾胃，指出“脾胃不仅为后天之本，又为百病之源，脾胃健运则水谷丰盛，五脏充盈；反之则正气虚弱，五脏受病”。治疗疾病必须要顾护胃气，常用健脾益气、升提中气、温补脾肾、消食导滞等方法。临床上，他善用苍术，并详细地总结为四要点精心传授。他说：“第一，苍术可以运脾醒脾。苍术味辛、苦，性温，归脾、胃、肝经，燥湿而不伤阴。第二，苍术可以制约纠偏。临床治疗气血亏虚时，往往处以滋腻的大补气血方药，为了避免太过滋腻，可以加苍术一味来健胃安脾，患者可无中满之弊。第三，苍术可以化阴解凝。苍术具有运脾作用，化湿、祛痰、逐饮均为其所长，善治湿痰留饮、脾湿。第四，苍术可以治肝取脾，治脾以防治肝病。”他对张景岳学说有很深的理解，他曾对弟子说，在临床方面可以灵活运用张景岳的温阳法治疗一些疑难杂症。譬如治疗哮喘，小青龙汤散寒化饮无效时，加一味附子有立竿见影之功。又如治泌尿系统结石，常规总以清热化湿为法，每在方中加入附子，起振奋推动作用，常能较快排出结石。以神香散治疗腹胀腹痛、口气秽臭，玉女煎治疗阴虚牙痛，玉泉散治疗消渴以及胎元饮用于安胎保胎，皆有效验。这些经验使弟子们深感受益匪浅。

“候之所始，道之所生”，中医这门学科处处渗透着哲学思想的光辉。颜德馨行医多年，广泛阅读了著名的东西方哲学著作，对于如何抓住疾病的核心问题，他见解独到而一语中的。他常对学生们说：“‘人体多奥妙，脏腑不能言’，高明的医生，贵在‘审证明而用药准’，学中医就要培养哲学思维。但凡病情复杂、隐蔽或多方面相互牵涉时，必然有一个起决定和影响作用的症状，其他症状则都是随着这一症状而产生和转变的。”这与哲学上的“一元论”不约而同。一元论就是针对不同组合来判断现象证候的特异性质，对中医临诊辨证具有指导意义。他说，中医在诊疗疾病的过程中既要遵循“整体观点”和“辨证施治”的原则，又要力求用“一元论”的观点分析研究疾病发展过程及其在各阶段表现出的不同临床症状。

1990 年 12 月，人事部、卫生部、国家中医药管理局联合发文“关于采取紧急措施做好老中医药专家学术经验继承工作的决定”，体现出国家对这项工作的重视。颜德馨被确认为首批全国老中医药专家学术经验继承工作指导老师。1994 年 1 月，首届继承学员 3 人结业，接任第二届带教任务。1997 年 1 月，接第三届带教任务。他还受国家中医药管理局、中医学术单位和中医药大学邀请，不辞辛苦，奔走各地，先后在广东、上海、哈尔滨、香港等地举办讲座，深入浅出的讲座受到学界的普遍关注。1998 年，他与全国名老中医邓铁涛、任继学、裘沛然等 8 位老中医联名上书国家领导人，对所担忧的诸多问题，如中医医院合并为西医医院的一个科、中药新药的评审模式问题、中医医院医药分家以及中医教育等问题列陈己见并提出合理建议，观点明确中肯，得到领导们的大力支持，对中医的发展影响深远。

面对中医学子，颜德馨任劳任怨，不辞辛苦，竭尽全力为他们创造学习条件和机会。这些年来，受国家中医药管理局委托主办两期“全国综合性医院中医科科主任管理研讨班”、三次“振兴中医、发挥中医优势”全国性学术会议、四期“心脑血管病中医诊治讲习班”以及“中医政策学习班”、“活血化瘀专题学习班”、“中医诊治危急重症专题学习班”、“中医诊治脾胃病专题学习班”等国家级继续教育项目。同时他还在同济大学附属第十人民医院现场示范中医查房，参观学习者均为上海市各中医医院临床科室负责人和综合性医院中医科主任，嘉惠后学，获得很大的社会效益。但是，在长期的临床和教学工作中，颜德馨发现当前的教育存在一些问题，重“西”轻“中”的教育模式导致相当部分中医学校的毕业生不会望闻问切，不懂八纲八法，不懂阴阳五行、辨证施治，这让他深感担忧。一次谈到当今中医界的青年学子，颜德馨坦率地说：“这是我日夜为之焦虑的问题。他们确有很多优点，如数理化知识全面，善于接受现代医学新观念等。但他们的现状不能令人满意，古文底子普遍较差，这就妨碍了他们的进步。学中医而不懂古文，犹如搞翻译而不精外文，简直非平庸不可了。我当然不主张再恢复私塾，但是否可试设一所为中医输送好苗灵苗的实验学校呢？中医青黄不接的现象已经很显然，若再漠然视之，到下一世纪中医将成为一种历史文化现象供后人凭吊，这不是危言耸听。我们这辈人，在20多岁差不多已能独立开诊处方，可现在30多岁的医生还‘断不了奶’，让人焦心。因此提倡多读书、多实践，是当务之急。”

面对当前中医“西化”问题，颜德馨明确指出这是中医传承的障碍和症结之一，而没有真正适合中医传承的临床实习基地，则令有志于中医的年轻学子失望。为了开辟一条传承中医之路，颜德馨敢于挑战当前的中医教育西化的弊端，上书国务院有关领导，建议通过举办“中医大师传承班”，建设真正能传承中医的临床实习基地，加强学生对中医经典原著研读以及对中国传统文化的学习，并在大师的指点下领悟道家、儒家、佛教等中国传统文化与中医相通的精髓所在，让学生能学到地道的中医辨证施治、理法方药等学术精华。这个建议获得教育部、科技部以及国家中医药管理局的支持，并结合教育部重大研究课题，由颜德馨、邓铁涛、路志正、朱良春、周仲瑛、张琪等组成核心导师团队，同济大学校长裴钢院士出任领导小组组长。该班面向全国招生，得到了热烈的响应，目前第一批中医大师传承人才培养计划进展顺利。这种在综合性大学中进行中医教育改革试点项目在我国尚属首次。

为拓宽发展中医之路，颜德馨力求多途径支持中医学术的发展。1999 年 12 月，颜德馨在其行医 60 周年之际，毅然捐出自己多年积蓄的稿酬和学术成果奖金共计 20 余万元人民币，设立“颜德馨中医药人才奖励基金”，这是以个人名字命名的以中医药发展为目标的全国第一家基金，用于奖励优秀的中医药人才，鼓励后学。此后数年中，他又投入了 20 多万元。2005 年，为了更好地发挥基金的积极作用，颜德馨将“颜德馨中医药人才奖励基金”扩展为“上海颜德馨中医药基金会”，以“进一步继承和发扬祖国传统中医、中药特色，鼓励青年中医药人才脱颖而出，支持中医科研，促进中医药产业化、现代化、国际化”的发展。与此同时，由颜德馨担任所长的同济大学中医研究所获得多个重要科研立项：科技部 973 重大科研课题

“气血学说继承与研究中心”1项、“十一五”国家科技支撑计划“颜德馨先生病证结合治疗冠心病的经验研究”1项、市级科研项目5项。“颜氏感冒灵”抗病毒药效研究评价取得了良好结果，部分实验指标不亚于达菲，获得一致好评。颜德馨对于如何更有效地发挥基金会的作用进行了很多思考和尝试，提出每两年举办一次“优秀中医药学术论文评比”，以激励中医药工作者钻研学术。2001年、2004年和2006年3次奖励了在中医教研和继承老中医经验、中药传统工艺和研制方面成绩突出者，包括2003年在抗击“非典”中有突出贡献者。随着基金会的成长，它将触角渐渐伸展。2005年参与举办了全国继续教育学习班“中医药防治心脑血管病进展”；2006年7月，由基金会与东方新闻网站共同推出的中医药专业网络平台——上海颜德馨中医药基金会网站正式开通。颜德馨以其高尚的医德、高超的医术和人格魅力扩大了基金会的社会影响力，基金由原来的50万元扩充到700余万元，其支持范围扩大到中医科研、临床和中药产品的开发、产学研结合、学术专著的出版、中医药健康咨询、促进中药加工制造工艺现代化、国内外中医药学术交流等方面，基金会的良性发展在很大程度上鼓舞了中医学者，培养了中医界的青年人才，增强了中医界同仁的凝聚力。

历代医家诊病之余，亦善于著书立说，或总结前人智慧，或积极推陈出新，这些闪耀着光芒的文籍汇成一条智慧的河流，传承着祖国医学。颜德馨为了传承个人临证心得，著书立说，多年不辍。1977年，《活血化瘀疗法临床实践》由云南人民出版社出版，并获云南省优秀科技图书三等奖，1984年出版增订本。1992年4月，颜德馨的专著《气血与长寿》由上海科学技术文献出版社出版，该书不仅阐述气血与衰老的关系，更向广大民众普及相关医学知识，深入浅出，生动易懂，受到社会各界的强烈反响和广泛好评。次年《中国历代中医抗衰老秘要》由文汇出版社出版，介绍历代中医关于长寿与衰老的学说。颜德馨先后出版了《颜德馨医艺荟萃》（台湾启业书局）、《颜德馨先生诊治疑难病秘籍》（文汇出版社）、《中华名中医治病囊秘·颜德馨卷》（文汇出版社）、《中国百年百名临床家丛书·颜德馨卷》（中国中医药出版社）、《颜德馨临床经验辑要》（中国医药科技出版社），全面反映了其 60 多年的临证经验。2009 年在颜德馨行医七十载之际，其门人整理了《颜德馨临床医学丛书》，包括《颜德馨论衡法》、《颜德馨内科学术经验薪传》、《颜德馨急性热病诊治从新》、《颜德馨医案医话集》、《颜德馨膏方精华》、《颜德馨临证实录》、《颜德馨方药心解》、《颜德馨谈养生抗衰》，并由中国中医药出版社出版。由上海科学技术出版社出版的精编版《颜德馨膏方真迹》，于 2000 年一发行，便引起了“膏方热”，全国争购一空，此书对发扬中医国粹，规范中医膏方知识，开拓中医防病治病的广大领域，提高人民的中医防病认识有不可磨灭的作用。

1985年，颜德馨参加中国中医药学会第二届会员大会，并当选为理事。1986年被聘为上海市中医药研究院专家委员会名誉委员，同年接受国家中医药管理局委托举办全国综合性医院中医科主任学习班；1989年，颜德馨主持课题“瘀血与衰老的关系——衡法十一号抗衰老的临床和实验研究”，提出的“瘀血实邪乃人体衰老之主因”的新观点，荣获国家中医药管理局科技进步二等奖，其研究成果被刊载在《人民日报》头版，引起社会各界的广泛关注。上海科教电影制片厂根据上述理论，拍摄《抗衰老》科教片，向全世界发行。次年，此片在全国医药卫生科技成果展览会上被授予“优秀奖”。

他亲自主持颜德馨首席名老中医工作室工作，整理和提炼自己创新的学术见解和独到的临床经验，并运用现代信息化技术手段，全面采集临床诊疗信息，收集典型病例，分析挖掘其取得疗效的共性规律，传承其学术思想和临证经验。他倾力于培养中医接班人，编辑出版专著，积极开展中医科研成果转化和加强中医科普宣传，为达到“志存岐黄，进德修业，自强不息，德艺双馨”的奋斗目标而时刻坚守进取。

顺时和安　修心养生

颜德馨生活上崇尚整洁、简朴。家中雪白的墙壁衬着明清样式的红木家具，显得十分素雅，书房墙上豪放的书法，桌上的文房四宝，淡淡的茶香和悠悠的古籍散发着浓郁的传统文化气息，古香古色的住宅传递出一位中医大家的恬然心境和宁静淡泊。他在中医学领域的长期探索，不仅对生命认知有独到见解，亦深谙养生之道。

颜德馨指出，中医认为生命是“天覆地载”的产物，可归纳为“奉天应时”。天道与人道，自然与人能恒处于相通利、互协调之中，生命与自然就“并行而不悖，偕行而不替矣”。因此，对于养生，颜德馨首推“人与自然界是一个不可分割的整体”的观点，如果时序气候没有春温、夏热、秋凉、冬寒的变迁，万物就不能按生、长、化、收、藏的规律发展。人体的调节机能如果不能适应自然的变化，也就不可避免地要受病邪的侵袭。他认为《灵枢·本神》说“智者之养生也，必顺四时而适寒暑，和喜怒而安居处，节阴阳而调刚柔。如是则僻邪不至，长生久视”，这是告诉人们“圣人之为道者，上合于天，下合于地，中合于人事”。

颜德馨的养生经验主要遵循“气血正平，长有天命”，气血调畅乃生命之本，主要包括四个方面。

第一，调情志。“乐观者长寿”。他养生的基本原则是，首先做到不发怒；如果遇到一些不愉快的刺激，要及时宣泄。可回家去向亲人诉说衷肠，一吐为快；或写字。练字首先要安心调气，气调则脉络自通，一旦“砚田笔耋”得趣，即能心脑舒展。手的精微活动就是“脑的外化”，在绝虑凝神中自我调节，百试不爽。

第二，常运动。颜德馨根据自己的身体状况，制定了一套锻炼方法：每天晨、晚平卧于床，两手掌平放于腰臀之下，左右腿交替抬高100次，既锻炼腹肌，又可使周身气血和畅。生命在于运动，运动的真正目的就是促进气血的流通。

第三，勤动脑。颜德馨说：“读书学习，著书立说，可以保持思维的敏捷，可以健脑。”除此之外，他自己创造了一种勤动脑的方法，即每晚上床临睡前总结一天的工作情况，每晨醒后在脑子里制订新一天的打算。他所有文稿以及工作进程，都是睡前醒后在脑子里制订的，从不间断。这样做可保持大脑有足够的信息刺激和血液供应，培养判断能力，分析条理化，工作有程序，是防止老年痴呆症的最佳方法。他心胸开阔，广泛涉猎东西方文学、电影、戏曲、歌剧以及政治和财经，体现着海纳百川的作风。他对传统文化尤为感情深厚，喜读旧体诗、明清笔记和书法理论，经常研习古代书法家字帖。颜德馨自幼习字，书法先从颜真卿，后学赵孟頫，博采众长，自成一体，其落笔似风，笔力婉然，雄浑中见飘逸，刚毅中不失柔和。他的脉案，尤其是膏方，本身就是一张可供临摹的字帖，堪称医家书法精品。医事之暇，即兴临池，屏气凝神，全然忘我，笔墨纸砚不仅怡情养性，更为他营造出一个安宁恬然、超然物外的生命绿洲。

第四，节饮食。脾胃为后天之本，又是气血生化之源，故调理好饮食，可以使气血流畅，人体就可享有天赋的寿命。颜德馨重视脾胃的康健，他尤其赏识清代著名医学家叶天士“胃以喜为补”的名言。它具有两种含义，所谓“喜”，就是吃了舒服；所谓“补”，则理解为能吸收。如吃了不适，无法转化为营养，即使吃山珍海味、人参鹿茸也是有弊无益的。另一种含义就是脾胃为生化之源，脾胃虚伤乃衰老之渐。故不吃过量之食与不喝不喜之饮，以“喜”为界，也不乱吃补品，只服一点活血药与运脾药，故能每餐必饥，每食必喜，脾胃康宁。

俗话说：“冬季膏方巧进补，来年开春能打虎。”膏方在我国南方非常盛行，一般由三四十味中药组成，从冬至到立春之间服用，具有滋补强身、抗衰延年、治病纠偏等多种作用。颜德馨少年时代便开始随父亲涉猎膏方补养之道，后又随秦伯未专攻进补之法。多年来他认真研究古代膏方，积累了丰富的临床经验。他认为膏方不仅是滋补强壮、延缓衰老的药品，更是治疗慢性疾病保持健康的最佳剂型。所以制方之时，应明察病者阴阳气血之偏胜，从而用药物之偏胜来纠正，以求“阴平阳秘，精神乃治”。颜氏膏方融汇了中医养生思想，可谓江南一绝。

近年来，随着人们生活水平的提高，生活

压力增强，亚健康人群数量急剧上升。冬令进补作为养生强身的传统方法，信奉者大有人在，并逐渐增多。面对膏方市场的繁荣场面，颜德馨没有盲目乐观，他以严谨的治学态度告诫弟子："由于膏方服用时间较长，因此制定膏方时应该根据病者的疾病性质和体质类型，更应注重其针对性，在整体观的思想指导下注意横向的平衡。关于如何进补亦是一门大学问，正所谓'补亦有道'，既不是人人可补，也不是老少咸宜。"同时指出：血虚补血，气虚补气，是一种单刀直入的补方，中医还有"以通为补"的方法。名医张从正主张"气血以通为贵"，先哲徐灵胎也主张对老年人慎用补药，以免与气血为难，均为至理。他一贯主张"生命在于流动"，常用"桃红四物汤"通气活血，以"青宁丸"通涤肠腑。以通为补，服者身轻体健，常有意外效果。如今，颜德馨已达耄耋之年，依然精神矍铄。他的养生经验，可以概括为"长寿秘诀是祛瘀，健康贵在气血通”。

“养生重在养心”，颜德馨一直强调情志愉悦对人体的健康至关重要。中国传统的“尚和”思想和“中庸之道”告诉人们，动感情应有适度，太过或不及均会影响正常机体活动。曾国藩曾言：“多躁者必无沉毅之识，多畏者必无踔越之见，多欲者必无慷慨之节，多言者必无质实之心，多勇者必无文学之雅。”而早在1000多年前，中医学就明确提出，当人的情感变化过于突然、强烈、持久时，就会影响机体各脏腑的功能，甚至会导致疾病的发生。颜德馨指出，当今临床上一些高发的、威胁人类健康及生命的疾病，如心脑血管病、癌症、糖尿病以及精神疾病等，其发生、发展均与精神因素有关，故对于精神生活的保养极为重要。他总结精神健康关键在于“清净养神，重在和安”，即“外不劳形于事，内无思想之患，以恬愉为务，以自得为功，形体不敝，精神不散，亦可以百数”。强调以清静无为、少欲淡定的思想指导人们修身养性。

关于修养心境，家庭的教育影响着一个人的一生。《颜氏家训》是中国传统社会的典型教材。颜德馨仍念念不忘儿时父亲对自己的精心教导，记得父亲曾反复说过：“颜回渊曾问孔子，何者为仁，孔子答‘克己复礼为仁’。一日克己复礼，天下归仁焉。‘仁’就是人内心的完美道德境界，是天理，所以能战胜自己的私欲而复归于天理，自然就达到了仁的境界，所以为人要谦虚，严格要求自己，尊重他人。”他秉承父亲教诲，重视孔孟之学，并时常为儿女讲解《颜氏家训》如何修身治家、处世为学的内涵。既包含“兼论字画音训，并考正典故，品第文艺”的内容，更彰显“述立身治家之法，辨正时俗之谬”的精神。颜德馨说：“《颜氏家训》主要是强调克己复礼，对此我一直谨记在心，落到实处，就是要宽容待人，保持心胸豁达。古人说‘仁者寿’，确实如此。”

颜德馨夫妇秉承家训精髓，传承家教传统，不仅在生活艰苦的过去，就是在生活水平提升富足的今天，仍坚持以《颜氏家训》教育七个子女，引导他们在潜移默化中达到道德修养的提升。颜德馨殷切地告诉儿女：“中医不能满足于三个指头，一个枕头，要会讲课，会看病，会写文章，会搞科研，要用现代科学来解释中医。”长子颜乾麟现任同济大学中医研究所副所长、上海市中医心脑血管病临床医学中心副主任，亦长期从事中医心脑血管病的临床、科研、教学工作。女儿颜新，现任同济大学中医研究所主任医师、教授、博士研究生导师。颜乾麟、颜新教授在继承家传的基础上，努力钻研现代医学理论，结合临床实践，发挥自己的特点，颇有成就，并于2007年双双获得“全国首届中医药传承高徒奖”。每年除夕，散居各地的子女儿孙都会聚集上海颜德馨的家里共迎新年。每逢此时，颜德馨夫妇会向儿孙赠字，每幅字既饱含他们对儿孙的祝福、牵挂，也蕴含深刻的家庭教育内涵。2008年除夕，颜氏夫妇赠与儿孙们的是“宽容、知足、健康”六个字，朴实地延续了《颜氏家训》的优良传统。颜德馨心情愉快地说：“也许，如今这个年龄还能眼不花，耳不聋，口齿清晰，手脚灵便，宅心仁厚也是秘诀之一吧。”

悠悠岁月，苍生大医，七十余载从医，声溢金石，志华日月。颜德馨乐观通达，追求卓越，始终心系中医，以扎实的临床疗效、无畏的开拓精神和博大的学术胸怀，为中医的发展忘我奋斗，取得了骄人的成绩。早年的他如朝阳初出，气象蓬勃，无论学识意志、修养德行均为蒸蒸日上之势；及至中年，虽有困难坎坷，但仍如红日丽天，无论事业、医学思想均日臻成熟；洎乎晚年，则宛若斜阳晚照，德量愈醇，赢得业界学者仰慕。如今，颜德馨虽已过九旬，依然鹤发童颜，精神矍铄，手足轻健，兴趣广泛而健谈，光明磊落而执著。现在他依然担任同济大学中医研究所所长、上海市中医心脑血管病临床医学中心主任、上海市卫生局突发事件应急专家组成员等职务。他全然忘我地门诊、查房、讲课、讨论病例、带教指导，关注并参加中医各项社会活动，乐此不疲！他以君子自强不息的人生态度和顽强的拼搏精神，印证了他“宁负白首之心，不坠青云之志”的信念，也向世人彰显了他“医德广披是所愿”的崇高理想！

（撰稿人　李海英）

《中华中医昆仑》丛书150位医家名录

（按生年排序）

张锡纯	丁甘仁	萧龙友	王朴诚	恽铁樵
曹炳章	冉雪峰	谢　观	施今墨	汪逢春
孔伯华	黄竹斋	吴佩衡	蒲辅周	陈邦贤
李翰卿	李斯炽	姚国美	陆渊雷	张泽生
时逸人	张梦侬	叶橘泉	王聘贤	陈慎吾
邹云翔	赵炳南	承淡安	余无言	刘惠民
岳美中	沈仲圭	秦伯未	赵锡武	韦文贵
程门雪	黄文东	赵心波	董廷瑶	吴考槃
章次公	石筱山	陆南山	张赞臣	李聪甫
刘绍武	陈存仁	朱仁康	陆瘦燕	姜春华
韩百灵	高仲山	李克绍	王鹏飞	刘春圃
金寿山	哈荔田	何世英	周凤梧	干祖望
关幼波	王为兰	任应秋	罗元恺	祝谌予
杨医亚	郭士魁	何时希	耿鉴庭	俞慎初

裘沛然	顾伯华	江育仁	邓铁涛	门纯德
刘渡舟	尚天裕	朱良春	李玉奇	程士德
尚志钧	赵绍琴	董建华	米伯让	李辅仁
张珍玉	班秀文	颜正华	于己百	颜德馨
路志正	方药中	王乐匋	黄星垣	谢海洲
余桂清	何　任	王子瑜	程莘农	陈彤云
焦树德	张作舟	张　琪	李寿山	张镜人
王绵之	方和谦	印会河	王玉川	蔡小荪
李振华	马继兴	王嘉麟	宋祚民	刘弼臣
王雪苔	刘志明	吴咸中	李今庸	任继学
裴学义	王宝恩	周霭祥	贺普仁	唐由之
赵冠英	许润三	金世元	陆广莘	刘柏龄
徐景藩	吉良晨	吴定寰	沈自尹	王孝涛
张灿玾	周仲瑛	强巴赤列	张代钊	李经纬
郭维淮	柴松岩	苏荣扎布	陈可冀	李济仁
夏桂成	郭子光	巴黑·玉素甫	张学文	陈介甫